钱乙

儿科之圣

袁榛阳 冯晶 编写

吉林出版集团股份有限公司
全国百佳图书出版单位

图书在版编目（CIP）数据

儿科之圣　钱乙 / 袁榛阳，冯晶编. -- 长春 ：吉林出版集团股份有限公司，2020.2（2023.5重印）
ISBN 978-7-5581-7925-9

Ⅰ. ①儿… Ⅱ. ①袁… ②冯… Ⅲ. ①钱乙（约1032-1113）-传记 Ⅳ. ①K826.2

中国版本图书馆CIP数据核字(2019)第272649号

儿科之圣　钱乙
ERKE ZHI SHENG　QIAN YI

编　　写　袁榛阳
　　　　　冯　晶
策　　划　曹　恒
责任编辑　黄　群
　　　　　林　琳
封面设计　MM末末美书

开　　本	710mm×1000mm　1/16	出版/发行	吉林出版集团股份有限公司
字　　数	75千	地　　址	吉林省长春市福祉大路5788号
印　　张	8	邮　　编	130000
版　　次	2020年2月第1版	电　　话	0431-81629968
印　　次	2023年5月第2次印刷	邮　　箱	11915286@qq.com

印　　刷　三河市金兆印刷装订有限公司　ISBN 978-7-5581-7925-9　定　价　39.80元

前言

中医文化是中国优秀传统文化的重要组成部分，具有创新文化的潜质。中医学是中国传统科学中沿用至今的富有中国文化特色的医学，它具有完备的理论体系，独特的诊疗方法和显著的临床疗效等特征。在中华民族五千年的历史长河中，中医学始终担负着促进人身健康的重要角色，是中华民族长期同疾病作斗争的智慧结晶，它为中华民族的繁衍昌盛提供了重要保障。

《儿科之圣　钱乙》这本书主要收录了钱乙的成长经历和奇闻逸事等。读者通过这些故事，可以了解中医名家救死扶伤、拯救天下苍生的医德精神和中医文化的博大精深。

本书内容通俗生动，易于读者阅读。书中配以与中医文化知识相关的图片，并选取了具有代表性的药王庙和钱乙出生地的特色风光作为跨页大图，使本书的内容更加生动传神，更具亲和力和吸引力。本书不仅是为了让读者了解中医文化，更是为了讲好“中国故事”“中医故事”。

希望通过本书，读者对优秀中医文化会有更加深刻的了解和认识，能够更加热爱中医文化。通过我们对医学名家的传颂，优秀的中医文化必将再放异彩。

MU 目 LU 录

钱乙（约 1032—1113 年），宋代儿科医学家。字仲阳，郓州（今山东东平）人。所传《小儿药证直诀》，为其学生阎孝忠收集整理钱氏的医学论述而成。另有《伤寒指微论》，已佚。

第一章

坎坷童年　与医结缘

钱乙出生在中医世家，但他的童年却是经历苦难的。他又是怎样与医结缘的呢？为什么他偏偏喜欢给小儿看病呢？

北宋时期，在东平郓州（今山东郓城县）有一个村落，当地的村民以务农为主。因土地贫瘠、资源匮乏，再加之降水不稳定，旱涝灾害频繁，百姓辛苦劳作一年，收成往往不好，所以大多人家生活清苦，勉强度日。村中有一户钱家，世代从医，男主人名叫钱颢，略通医术，靠给乡里乡亲针灸、拔罐养家糊口。他的妻子是一个在家务农的勤劳女人，但身体瘦弱，经常生病。钱颢虽有一技之长，但他喜好喝酒，常常饮酒作乐，行医和耕作所得全部被他用来买酒解馋，甚至经常向酒家赊账。因此，钱家并没有凭借钱颢的手艺存下任何积蓄，反而债台高筑。他体弱多病的妻子

贫瘠之地

针灸具

为了省药钱，只能靠丈夫针灸来缓解身体的不适。在这种贫病交加的情况下，他的妻子怀上了孩子。1032 年的一天，一个瘦小的男孩出生了，他就是钱乙。男孩的母亲由于本就体弱，产后身体更加虚弱，不久就去世了。

钱颢失去了妻子，沉浸在悲痛之中，更加萎靡。他将幼小的钱乙独自留在家中，不再去行医糊口，整日喝酒，不醉不归。原本就不富裕的家庭失去了唯一的经济来源，日子过得越发艰难。

在钱乙三岁时的一天，乡亲们都忙着下地干活，钱颢出门喝酒了，整个村子空落落的，只有小钱乙一个人孤零零地守在家中。这一天，钱颢回来得格外早，日中的时候，他便拿着酒壶回到家里，身上浓重的酒气一如往常。小钱乙惊异于父亲的早归，但更让他惊异的是，父亲居然开始收拾行囊。钱颢两眼泛红，走路跌跌撞撞，虽然小钱乙不知道发生了什么，却隐隐感到不安与恐惧。钱颢一边收拾行囊，一边对钱乙嘟囔：“对不起了，儿子，你娘死得早，以后只能靠你自己了。”懵懂的小钱乙只是望着父亲，默默地听着、看着。钱颢打好包裹的最后一个结，对儿子说：“我也是走投无路，这日子实在是过不下去了，如今我只得东游，指望东海的神仙渡我，好使我成仙升天，享受极乐。若我找得到神仙，我一定会回来接你，若我找不到……”钱颢醉醺醺地俯下身，勉强睁开眼睛，醉眼迷离地看着小钱乙，一张口又是呛人的酒气：“今天就是我们父子俩诀别的日子，你恐怕再也见不到我了，我们父子俩就此别过。”小钱乙似乎明白了什么，伸出小手去拽父亲。可钱颢只是甩开钱乙的手，从兜里掏出几文钱，放在钱乙身边，拿起酒壶，背上行囊，扬长而去。

钱乙目送着父亲渐渐远去，父亲踉跄的身影渐渐消失在远处田埂的尽头，再也看不见了。小小的钱乙独自一人傻傻地坐在凳子上，他仍盼望着父亲能像往日一般，在太阳将落时归来。可是直到太阳落山，

日落

他的父亲也没有回来。钱乙又渴又饿，此时，最后一抹晚霞在青色的天边收敛了它最后的一束光芒，同他的父亲一般沉入田埂尽头。黑夜像一块巨幕，自苍穹缓缓降落，旷野无声，夜色四合，将小钱乙拢入无边的恐惧之中。周围没有一点儿光亮，只有忽远忽近的狗吠声间或传入小钱乙的耳中。没有太阳照耀着的村庄像一只装满了冷水的大水桶，不一会儿，小钱乙就被冻僵了。他已经一天没吃东西了，又冷又饿。他想起来寻个暖和点儿的地方，找点儿能充饥的干粮，可远处的树木在夜色中张牙舞爪，像只随时都会张开血盆大口的可怕怪兽，吓得小钱乙一动也不敢动，只能在夜里放声大哭。他无助的哭声引来了邻居，好心的邻居将小钱乙抱回了家，给他喂了水煮了饭，吃饱了喝足了，疲惫的小钱乙静静地睡着了。

就这样，他在邻居家度过了父亲出走后的第一个夜晚。第二天，邻居发现钱乙的父亲还没有回来，只好将钱乙送到了钱乙的姑姑家。姑姑看到可怜的小钱乙，连忙将他抱了过来，一面把小钱乙往怀里搂，一面又悲又气地跺着脚，直骂她那离家出走的弟弟：“这没良心又不争气的败家子！一天到晚就知道喝喝喝，喝光了家产又喝没了媳妇，如今竟将孩子也喝丢了！可怜了我这个命苦的侄子，没了娘又没了爹，往后可如何是好啊！”说着便落下泪来。

眼下如何安置小钱乙才是最要紧的问题。小钱乙的姑姑一时拿不定主意，便叫来钱乙的姑父吕氏商量对策。吕氏是一名善良的大夫，他可怜钱乙无依无靠，自己家也只有一个女儿，便收养了钱乙。小钱乙就这样成了吕家的义子。在吕家，小钱乙被视如己出，得到了无微不至地关照、爱护，小钱乙的悲惨命运到此终于画上了句号。

瘦小的钱乙在姑父的悉心调养下，逐渐长成一个健康的男孩。钱乙常随姑父出诊，姑父给人看病时，钱乙就坐在姑父的身边，默默地看他给患者诊病、开药方。或随姑父上山采药，认识药材，他穿梭在山野间，像一个快乐的小精灵。耳濡目染，钱乙渐渐能够认识黄连、白术、黄芪等一些常用的中药，并且对其功效主治等也有了一定的了解，

对医学也产生了浓厚的兴趣。

姑父觉得钱乙天资聪颖、敏而好学，是可塑之材，便将他送入私塾。钱乙在私塾中认字、读书，背诵儒家经典。他比私塾里其他的孩子都要认真刻苦，总是早早地来到私塾，伴着晨光温习学过的知识，遇到不会的问题，便恭敬地向私塾先生询问；放学回家的路上，他也手不释卷，一边走路一边读书。日积月累，钱乙不仅学到了丰富的文化知识，还养成了良好的习惯。私塾先生常对他赞赏有加，每每见到钱乙，便喜笑颜开地夸赞道：“这孩子将来必成大器啊！”私塾里的小伙伴也爱与他做伴、同他学习。但钱乙不喜欢和同龄的小孩一起玩耍，一放学，钱乙便随姑父出诊，背着药箱，走过长长的村路，看姑父给乡亲们开方治病。钱乙就这样随着姑父走过了田间地头，走过了春夏秋冬。

山野间

黄芪

来找姑父看病的大多是穷苦的平民百姓，他们穿着粗布旧衣裳，踏着草鞋，往往实在挺不下去才来找大夫看病。即便如此，在看完病后他们往往也面露难色，支支吾吾地说："吕大夫，我只有这点钱，怕不够付药钱啊，您看有没有便宜一点儿的药，这年头，我们老百姓也生不起病啊……"可就算有的患者交不起药钱，姑父也会按着药方把药开给他们，他们常常连连作揖，抱着草药转身拭泪。而这时，姑父总是说："没关系的，没关系！"接着嘱咐病人安心养病。有的人实在身无分文，就只好留下自家的鸡蛋和自己种的菜作为医药费，姑父也不计较，蛋呀菜呀，全都乐呵呵收下。遇到实在穷苦的病人，他还会赠送药材，并不收取分文，甚至还会给病患送去必要的补品，以辅助治疗。姑父告诉钱乙：“做医者不像做商人，做医者就是要以人为本，治病救人，不能唯利是图，帮助患者解除病痛才是医者最大的财富与快乐。”

姑父纯洁的心灵、高尚的医德和对穷苦病人深厚而真挚的感情，像一股清澈的溪流，无声地滋润着钱乙的心田。日子一天一天地过去，姑父渐渐发现，钱乙是个格外善良的孩子。钱乙怜惜病患之痛苦，对生病的幼儿尤其怜悯，每当看到小孩因病哭闹或致残，甚至夭折，或看到这些病儿父母的悲痛无助，钱乙便也会陷入悲痛之中，很久都说不出一句话。姑父是个心细的人，每当他看到钱乙因为一些被病痛折磨的幼儿而露出凝重的神情时，都感到非常奇怪。

姑父心想：“难道是钱乙还记得三岁以前的事情？”姑父便留心观察钱乙，试探性地询问他过去的事情，却发现钱乙对自己早年的经历并没有什么印象，他只是尤其见不得小孩被病痛折磨。钱乙小小年纪，竟有如此悲悯之心，这让姑父十分惊喜和赞叹。

一天夜里，姑父听见了急促的叩门声，他翻身下床，跑去开门。原来，是村里张铁匠家两岁的孩子患了急病，高热不退，抽搐不止，服了药也迟迟不见效果，反而更加严重。孩子母亲一见到姑父，就扑通一声跪倒在他面前，冰凉的双手使劲扯着姑父的衣角，哭天抢地地央求姑父救救她的孩子。姑父急忙搀这位母亲起身，穿好衣裳随孩子母亲前去看病。钱乙也忙披了衣裳，随姑父一同前往张铁匠家。

远远地，钱乙就看见了张铁匠的家。张铁匠早已在家门口等着了，他时不时地伸头看看家门口的那条路，时不时又看看哭闹不止的孩子。

张铁匠远远就瞧见了姑父，急忙奔过来，一下子把钱乙挤在了一边，和他的妻子拥着姑父三步并作两步向屋子走去。

钱乙也加快步伐，迈过张铁匠破旧的家门，俯身探过低矮的房梁，只见木榻上，一个小孩正在抽搐，他浑身煞白，脸却烧得通红，紧紧咬着牙关，嘴唇乌青，眼睛瞪得圆圆的，却空洞无神。霎时，钱乙感受到了前所未有的痛苦，心像一团被揉皱了的纸，紧紧地缩在胸腔里，惶恐而激烈地颤动着。他想惊叫，喉咙却像被什么哽住一般发不出声音，仿佛他已经变成了那病榻上奄奄一息的幼儿，陷入了黑暗之中，在人世间被孤单地抛弃了。这种感受钱乙似曾相识，却又记不起究竟是怎么回事了，只觉得心中被某种情绪猛烈地荡击着。钱乙想要做点什么，却又无能为力，只能呆呆地站在床边，看着哭闹不止的幼儿、神情紧张的孩子母亲和眉头紧锁的姑父。姑父低着头，不停地给患儿针灸喂药，豆大的汗珠从他的脸颊滚落，砸在地上……但最终，钱乙的姑父还是没能挽回这个幼小的生命，这个年仅两岁的孩子在痛苦的挣扎中死去了，孩子母亲紧绷的神经终于在那一刻断裂，她撕心裂肺地哭喊着，扑向木榻上的孩子，张铁匠则跪在吕医生身前，连连叩首："再救救我家孩子吧，您一定有办法的！"姑父没再说一句话，只是红着眼，摇了摇头。钱乙无法面对这凄惨的一幕，独自跑了出去，呆呆地坐在门外。深夜的村庄没有一点光亮，只有满天的星星在夜空深处莹莹闪动，钱乙的思绪也随之飘远：传说每个人死后，都会变成天上的一颗星星。

钱乙望着遥远的星河，陷入了沉默。

初秋的夜晚，已经有树叶在风中打着旋儿飘零，田地里的虫鸣稀稀落落，这些挨过了夏末时节死亡的召唤，却注定时日无多的幸存者，凄厉地向这无边黑夜控诉着生命的短暂。钱乙感到肩上一沉，回头一看，姑父已经站在身后，宽厚的手掌搭在自己的肩上："我们走吧，这是没办法的事。"

走出院子，钱乙像惦记着什么一样回头望向张铁匠的家门，只见张铁匠木然地蹲着，母亲怀抱着死去的孩子倚在门框上，眼睛不知望

初秋

夜幕降临

着何处。夜色浓稠而沉重，钱乙看不清他们的表情，却簌簌流下泪来。

回家的路上，钱乙和姑父都走得很慢。一路上钱乙都深深地低着头，若有所思，一语不发。他又一次回想起痛哭的孩子、绝望的母亲以及那种心有余而力不足的无助感，这让钱乙久久不能释怀。姑父将这一切看在了眼里，似乎猜到了钱乙的所想所思。那天回到家时，东方已经破晓，姑父虽然很疲惫，也很悲伤，但还是把钱乙叫到身边，语重心长地对他说："孩子啊，我看你对有病的小孩特别关注，是这样的吗？"钱乙望着姑父，眼神十分诚恳地说："是的，我真希望自己能治好他们，好让他们不再痛苦。"

姑父说："可是孩子，你要知道，小儿的病非常难治，一则他们年纪尚小，说不清楚，甚至不会说话，因此他们不能准确地表达自己的感受；二则小儿的脉气尚未成型，不能用诊治成人的方法分析小儿的脉搏；三则小儿喜怒无常，脉象也常随着情绪发生变化，因此难以准确通过脉搏诊断小儿的病症。我们医生看病，讲究'望闻问切'，可当给小孩看病时，这'问'和'切'都行不通，所以给小孩诊病，其困难可想而知。退一步说，就算找到了病因，小孩的脏腑又很娇嫩，用药稍微错一点就会酿成大

祸。因此，很少有人敢涉足儿科病这一领域，儿科病的治疗方法也不多，治疗小儿疾病的医者也很少……”

姑父顿了一下，望向钱乙，又接着说：“所以在坊间也流传着这样的俗语，‘宁治十男人，不治一妇人’，因为妇女不如男人体魄强壮，得病大多长年不愈，不容易治好，又说‘宁治十妇人，不治一小儿’，可见小儿病太难治了。”姑父又一次停下来，盯着钱乙的眼睛，问道：“你还要学习怎样治疗小儿疾病吗？”钱乙也盯着姑父，眼中闪动着坚定的光芒，用力地点了点头，说：“是的，我就想研究儿科，学习怎样治疗小儿疾病。”姑父微微颔首：“既然你想学习怎样治疗小儿疾病，那我现在就开始教你儿科的知识吧。”接着，姑父拿出一本很旧的书，递给钱乙，说：“如果你当真有心于此，就看看这本书吧。”钱乙眼睛一亮，忙接过书，只见封面上写着“颅囟经”三个字，又翻开书的扉页，

《颅囟经》封面

看了几行，只觉得每一个字都玄妙而深奥，难以读懂参透。于是，钱乙不解地问：“这是什么书？”姑父解释道：“这是中古时期巫妨写的一本儿科书，是为数不多专门治疗病儿的医书，如果你想治小孩的病，就先要把这本书好好地研读。若你真能读懂这本书，再勤加学习，你一定能够成才。”钱乙精神一振，暗下决心，立志要钻研小儿疾病，发誓一定要尽自己所能，使患病儿脱离病苦。从此，钱乙便踏上了学习医术、研究小儿疾病的道路。

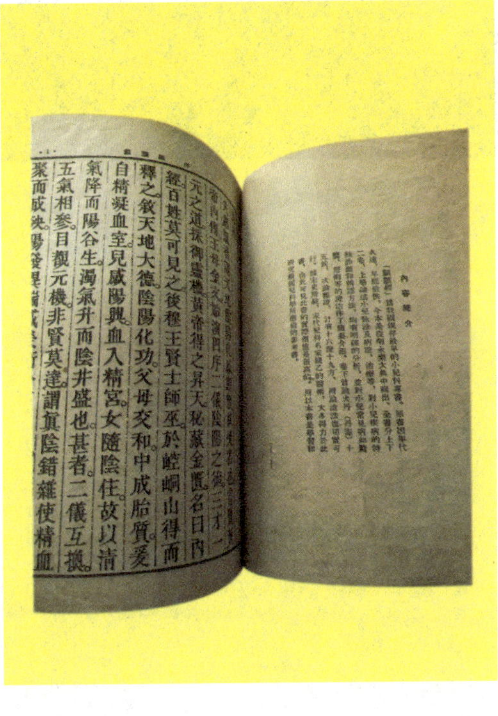

《颅囟经》内文

知识加油站

钱乙，字仲阳，是我国医学史上著名的儿科医家，他撰写的《小儿药证直诀》，是我国现存的第一部儿科专著。他第一次系统地总结了小儿辨证施治的方法，提出小儿“脏腑柔弱，易虚易实，易寒易热”的看法，概括小儿的生理病理特点，奠定了儿科学的基础。

夜色

第二章

潜心学习 小有名气

钱乙走上了学医的道路，然而，成为一名合格的医生并不是那么容易的事情。在学习的过程中，钱乙都做出了怎样的努力，又遭受到了怎样的挫折呢？

从《颅囟经》开始，钱乙正式踏上了学医的道路。白天，钱乙在私塾中学习读书写字，放学后，他随姑父行医诊病，回到家中，太阳已经落山，钱乙就秉一根蜡烛，借着微弱的烛光研习医书。他边读边想：书中的这一病例和我见过的哪个儿童病较为相似？如果让我开药方，该怎么开？他时而因顿悟某种疗法而兴奋，时而因迟迟无法领会一服药方而烦闷。他沉浸在自己的世界里，丝毫察觉不到时间的流逝。

夜渐渐深了下去，不知何时，钱乙伏在案边，沉沉睡去。

在梦中，钱乙成了村子里的名医，不管谁家孩子生了病，都来找钱乙，无论大

日出

病小病，用上一服钱乙的药，次日便会开始好转，不出三日，定会痊愈。钱乙的名气越来越大，别的村子里生重病的小孩找不到好法子治，他们的家人都会抱过来请钱乙给开方。钱乙也不负众望，凡是来看病的孩子，无论来时病得多么严重，回去的时候保准是蹦蹦跳跳、健健康康的。从此，再也没有被久治不愈的病症折磨的孩子，也没有因丧子而悲痛绝望的父母……

随着第一声鸡鸣，晨光冲破了黑夜的封锁，出现在东方田野的尽头。夜色越来越淡，村庄喧闹起来。钱乙睁开眼，桌子上的蜡烛不知道什么时候灭了，书让胳膊压得有些发皱。“可真是场美梦，”钱乙心想，“如果是真的该多好！”钱乙在梦中品尝了当医生的滋味和为患者解除病痛的欣喜，已经迫不及待有一天自己能亲自为患者诊病了。于是，他更加刻苦地钻研《颅囟经》，希望能早日将梦中的情境变为现实。

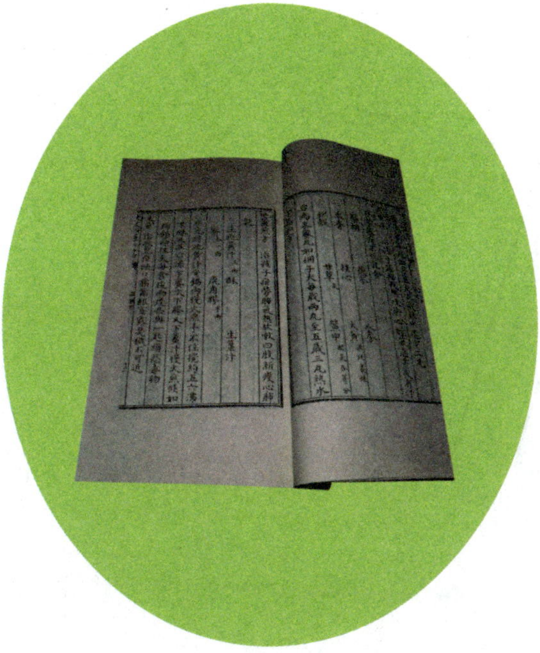

《颅囟经》内文

过了些日子，钱乙来到姑父面前，兴奋地说：“我已经将《颅囟经》读了很多遍了，希望能和您一起去诊病，让乡亲们看看我的本事！”

姑父只是笑笑，说：“那好，今日我便带你出门行医，你来诊病、开方子。”

钱乙心中狂喜，挎着药箱，扯着姑父便向门外走，他第一次觉得村子那么大，村路那么长，他不断地催促着姑父快些走。可姑父只是笑吟吟地跟在钱乙身后，不说话，慢悠悠地走着。

好不容易到了患儿家，已有一个妇人在门口等候，那妇人见了钱乙的姑父，作了一个揖：“吕大夫，里面请。”不等钱乙的姑父开口，钱乙便恭恭敬敬地回了个礼：“今天由我帮这个孩子看病。”妇人既然见到了钱乙的姑父，心就放了一半儿，便点了点头，跟钱乙说：“那就劳烦你了，小大夫。”

钱乙进了屋，发现小孩只是伤风流涕。一来不是什么严重病症，

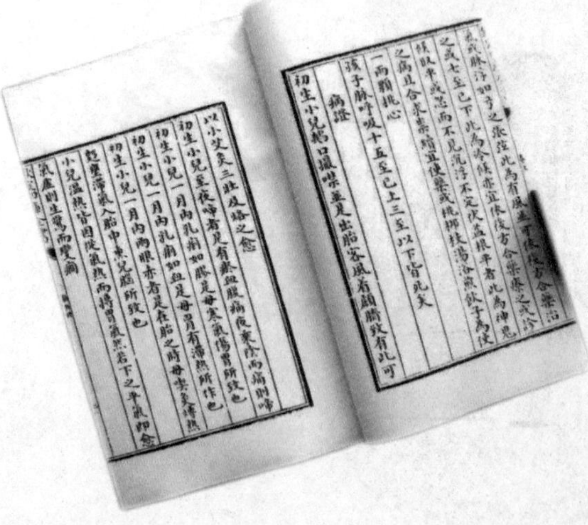

《颅囟经》内文

二来医书中已经有详细阐述，自己也反复看了多次，不由得信心大增。一面要妇人帮他准备笔纸开方，一面让小孩褪下一只袖子，好让他摸脉。钱乙左手往孩子的手腕上一搭，右手便要提笔开方。可钱乙那蘸饱了墨的笔，却迟迟没落下去，在半空中犹疑着、踌躇着：明明是伤风的表征，脉象却和医书中所说的不尽相同，这方子自然也不能按书里给的开，可若是如此，怎么开才恰当……钱乙有些惊慌，又有些难为情，他看向姑父，眼神里满是失落。姑父仍不说话，像什么也没发生一样，接过钱乙手中的纸笔，便开始给孩子诊病、开方，一番嘱咐之后，他带着钱乙离开了妇人的家。

钱乙垂着头，委屈万分：“《颅囟经》我明明仔仔细细看了、背了，可这孩子生的病和书里写的又不完全一样，我如何能开出正确的方子？”

“孩子，我早就和你说过，儿科病的治疗方法不多，记载下来的就更少了。世上生病的儿童千千万万，得的病自然也有千千万万种，医书是写不尽的。何况你只读了这一本薄薄的《颅囟经》，只凭一本书哪能治好所有孩子的病。”

钱乙抬起头，望着姑父：“我知道了。”姑父听出钱乙语气中的不悦，对他说：“孩子，我知道你想做个好医生，第一次出诊就碰壁，你很失落。你读的书不够多，经验也不够丰富，所以这是必然的结果。你要知道，做个好医生是需要有广博而扎实的基础知识的，你要多读医书、多思考，这是你日后从医的根基。另外，不要急于求成，要多见病人，灵活运用你的知识，积累属于你自己的经验。”

姑父的一番话，抚平了钱乙浮躁的心。他静下心来，广泛阅读医书，并亲身实践所学的知识。在读到经典著作《黄帝内经》时，需要掌握天体运行的规律，了解宇宙天体与人体的关系，运用这个关系，可以解决一些不易治愈的疾病。钱乙为了观察和掌握天体运行的规律，便一个人在夜里登上东平王冢，只是因为那里地势较高，易于观察天体运行。

钱乙天天晚上都爬上东平王的坟墓，躺在上面看星星，一躺就是一夜。一天早上，村里一个小伙子出门干活，一抬头猛然看见高高的东平王冢上站着一个小孩。古人迷信，相信魂灵的存在，认为墓地是魂灵居住的地方，与魂灵生前没有关系的人擅闯墓地，会惊扰它们，招到祸患。这个毛孩子，居然胆大到登上东平王的坟墓！他惊得大叫一声，忙丢下干活的工具就往墓地跑。

小伙子跑到了东平王冢下，一看这孩子竟

墓地

漫漫星河

然是钱乙，于是赶紧叫他：“钱乙啊，赶紧下来吧，这可是东平王的坟冢！危险不危险暂且不说，咱一个平民百姓站在帝王墓上，可是大不敬！更何况这下面除了东平王之外，还不知葬着多少人！这万一撞到点什么，或是帝王显灵，降下灾祸，可了不得！”钱乙一面应着，一面爬下东平王冢。这个小伙子见钱乙下来了，还不放心，牵着钱乙的手又细细嘱咐了一番。钱乙嘴上应着，第二天夜里又爬上了东平王冢，他不信鬼神，也不信帝王显灵降灾，在他的眼中，那星辰流转、云雾升降，都是宇宙的密语。此时他看到的漫漫星河，是打开医学宝藏的神秘钥匙，使他能够理解四时变化对人体的影响。

钱乙慢慢领悟到，天地风起时，人会关节疼痛；阴雨连绵时，人会浑身困重；暑热难耐时，人会气短乏力；艳阳高照时，人会心情舒畅……钱乙悟性大开，天地、万物就是他的老师。

除了观察、学习之外，钱乙还把自己的体悟运用到行医的过程中。邻居王家的小孩经常感冒，吃了药后虽会痊愈，但过几天又会复发，老王实在没辙，找到钱乙说：“我们家孩子总是感冒，这可怎么办啊？”钱乙稍加思索后说：“你家北面的窗是不是常打开啊？”老王眼睛一瞪，张开嘴，露出吃惊的神色：“对呀！你

龙骨

怎么知道？我家的北窗的确经常开着，但这和我家孩子感冒有什么关系呀？”钱乙接着说：“坐卧不当风。北风风冷，一吹人，人就容易受寒感冒，孩子还未长成，不如大人抗风，被风一吹，大人倒是没什么事，可孩子要生病的呀。你快快回家，把北窗关好，不要让冷风再吹到孩子了。过两天，孩子自己就会好起来。”老王一听，赶紧回家关上北面的窗户。果然，孩子很快恢复了健康，也没再感冒。老王心中好生敬佩，逢人就夸钱乙简直就是个“小神医”，没出一方一药，孩子的病就好了。

姜半夏

只有钱乙知道自己并不是“神医”，人们如果掌握了五运六气的规律，顺应身体与时节的变化，就能与自然相调和，防止疾病的侵扰。

经过老王这么一夸，钱乙的名气在村子里逐渐大了起来。村子里的人生了病，甚至都不再去找吕大夫了，而是专门来请钱乙看病。但钱乙却婉言谢绝了村民的请求，因为他知道自己虽然掌握了一些人与自然相调和的规律，但有关草药的知识，知之甚少。于是，他为了辨识本草，又开始研读《神农本草经》。他常常一个人在清晨背着空空的竹篓走入深山，凡是这山上长得出来的药材，他都要采回去认真地观察比对，分析它们的习性与功效。药材若是长在山崖上，他便爬山；若是长在水涧边，他便涉水；草鞋磨破了，便打赤脚前行，一走就是一天。他仿佛不知道什么是疲倦、什么是饥饿，这座山的每一处，都留下了他的脚印。久而久之，他对中草药了如指掌，知道这些草药是什么样子、在什么时候生长、长在哪里、在生长过程的各个阶段又是什么样子。村里的人都认为钱乙是个神童，将来必定大有作为。

农历十五，是村民赶集的日子。熙熙攘攘的人群中，一个老中医不知何时跳上了桌子，手指胡乱指着人群："你们哪一个是钱乙？"喧

闹的人群突然安静下来，有的人把身子转来转去，试着寻找钱乙的身影。此时，钱乙从人群中走出，毕恭毕敬地向老者行了一个礼："在下就是钱乙，请问您找我有何事？"只见这个老中医从袖口掏出两味药材，鄙夷地抛给钱乙："喂，小孩儿，听说你认识成百上千种的草药，今日你来说说看，这两味药都是什么？又有何不同？"

原来这个以辨识中药见长的老中医，听闻有个年轻的人天资聪慧、学识过人，觉得不服气，便挑选了两味长得极为相似的药材，特意带来刁难钱乙的，想让他在人前出丑，顺便宣扬自己的名声。

整个集市静悄悄的，所有人都在期待这个挑衅的结果。

崇山峻岭

药材

钱乙拿了药材，仔细观察了片刻，就说出了这两味药材的名字。接着，又从它们的生长环境、生长过程以及功效用法等方面说出了它们的不同。说完，钱乙又行了个礼，不卑不亢地说："感谢前辈赐教，如果没有其他事情，晚生先行告辞了。"

人群开始喧闹起来。有人啧啧称奇，说这钱乙果然是个神童，将来肯定是位神医，不愧为吕大夫之子。也有人在议论那个老者，一把年纪了居然还如此自以为是，不知道什么叫"后生可畏"。这个老者悻悻然退回到人群之中，再也寻不到踪迹。没过多久，集市又重新热闹起来，叫卖吆喝声不绝于耳。

这场风波如同一场暴风雨，毫无预兆地降临又匆匆忙忙地平息了。只是这场风波过后，村里村外的人都知道了钱乙这位医学天才，请他看病的人更是络绎不绝。钱乙顾及姑父的情绪，执意不去。可姑父却说：“孩子，我年事已高，腿脚不似往日那般轻便，行医治病的担子今后就要落在你的肩上。你务必要记住，行医才是你学医的目的。你知识扎实，已经能独当一面，现在你也该多出去历练历练，积累经验，造福百姓和后人了。”

于是，自那以后，姑父便只在家中诊病，而外出行医的路，则由钱乙一人独自来走。钱乙白天行医诊病，积累经验。给小儿看病时，他甚至能从小儿的哭声中，分辨出小儿是哪里生了病。虽然钱乙主要研究小儿病，但因为他知识广博而扎实，给成人治病也是手到病除。

决明子

晚上回到家里，钱乙又会根据自己采药行医所得到的经验，对《神农本草经》辨正勘误。

钱乙果真如大家所期待的，成了一名神医。人人都说钱乙是名“神仙”，在他手里，就没有治不好的病。一天，一位憔悴的妇人抱着孩子，找到钱乙，请他看看自己的孩子。这位妇人不像以往来求他诊病的人那般激动，她眼眶深深地凹陷着，说话有气无力，看得出来，她已经对孩子的病感到绝望。大概是很严重的病了，钱乙这样想着。果不其然，这孩子十分虚弱，气若游丝，几乎没个活人的样子。这位妇人低声地哀求着：“别的医生都说没救了，可我听人说，您是神医，您看看，能不能把他医好？”说着，妇人干涸的眼中流下一滴泪，流过她皲裂的脸颊，渐渐风干成一道泪痕。

有人扯了扯钱乙的衣角，在他耳边低声地说：“你看看这孩子，简直就是个活死人了。别说是神医，恐怕神仙来了也救不活了！如果你医过了这孩子，这孩子还是死了，你的名声可就保不住了！我看，还

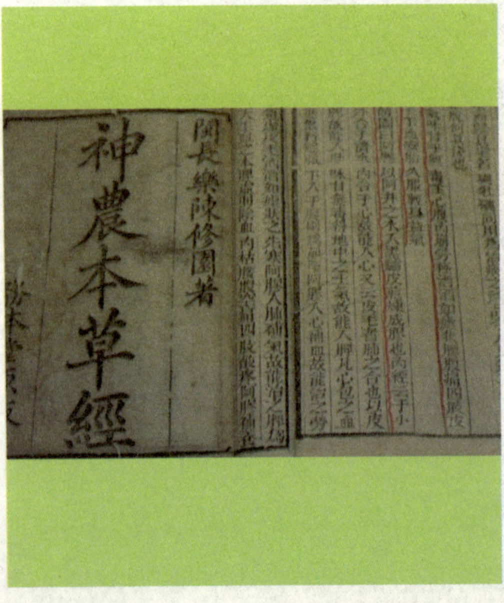

《神农本草经》

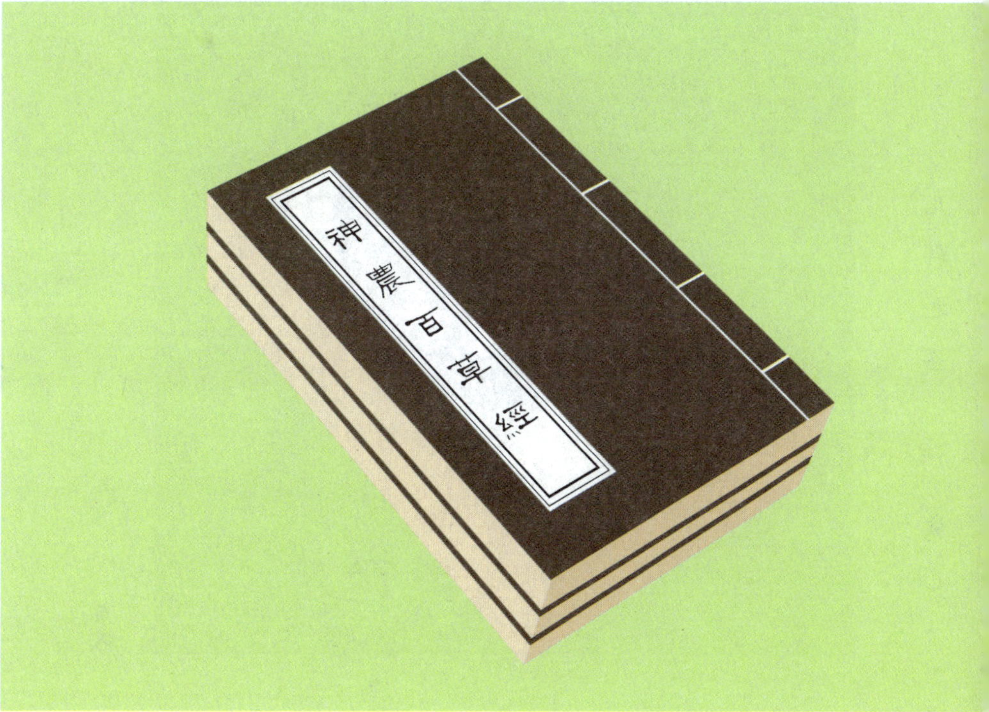

《神农本草经》封面

稀粥

是算了吧。”钱乙就像没听见一样，从妇人手中接过奄奄一息的孩子。过了一些时候，经过诊治孩子脸上竟然有了些血色。钱乙用帕子拭了汗，开了方子递给妇人，又对妇人说：“孩子你可以抱回去了，等回到家，你就取些米，熬成稀粥，待孩子醒来喂下，接下来按这个方子煎药，让孩子每日喝下一碗，过不了多久，便能完全好转。”妇人一听，不知是该惊还是该喜，她眼含热泪，向钱乙连连叩首：“钱神医，您就是我们家的救命恩人，我今生无以为报，来世就是做牛做马，也要报答您的恩泽……”钱乙将妇人搀起：“别这样说，救死扶伤是我的责任，您快带孩子回家休息吧，孩子能够恢复健康，就是对我最大的报答了。”

妇人走出房门，又转过身来对钱乙深深地鞠了一躬，钱乙望着妇人抱着孩子离去的身影，也忍不住落下泪来：他终于弥补了童年时期的遗憾。

为了丰富阅历，钱乙听从姑父的建议，一路南下行医，积累经验。白天，钱乙靠为当地百姓看病谋取行路的盘缠，听说哪个人得了疑难杂症，他不像别的医生那样因为怕医治不好而坏了自己的名声，反而乐于去为病人排解病痛，将其视为积累经验、达成自己从医理想的机会。晚上，钱乙便在客栈中挑灯整理当日所诊病症，总结诊病的方式方法，将小儿病与成人病放在一起仔细比较区分，逐渐形成了一套比较成熟的小儿病的治疗方法。

钱乙的名声越传越远，方圆几十里的百姓都知道东平县的一个小村庄里有一位妙手回春的神医。

知识加油站

古代君主自称：孤、朕、寡人、不谷等。

古代一般人自称：愚、不佞、不敏、不才、在下、鄙人、小可、后生、侍生等。

古代女子自称：妾、奴等。

古代官吏的自谦词：下官、末官、小吏等。

古代读书人的自谦词：小生、晚生、晚学等。

药材

东平县风光

第三章

千里寻父 不忘行医

钱乙自幼丧母，父亲也离家出走，他的身世对他来说一直是个谜。钱乙的身世之谜即将揭晓，钱乙会如何面对这样的现实，又会做出怎样的抉择呢？

姑父看着钱乙医术越发精进、名气也越来越大，感到甚是欣慰。在家中为百姓诊病的空当，姑父总爱望着门外的街道草木出神：这条村路，是钱乙还小的时候每次我带他出门为乡亲诊病必须经过的那一条；在那棵树下，我曾经亲手把《颅囟经》交给了钱乙；那扇窗前，仿佛还有钱乙研读医术至深夜的倔强身影……

姑父收回了思绪，向竹编的摇椅上一靠，自言自语道：“老喽老喽，年纪一大，就开始爱想以前的事情了。”姑父拿起一旁的蒲扇，慢悠悠地摇着，自顾自地说着：“能不老吗，一转眼，钱乙都长成小伙子了……刚来到家里时，方才三岁呢。”

酒坛和碗

这天，钱乙在外奔波了一天，终于在日落之际回到家中。姑父把钱乙叫到房间里，指了指一旁的凳子，叫他坐下。钱乙坐下，看见一边的桌子上，温着一壶酒，心想：难道是爹今日馋酒，叫我来陪他小酌几杯？姑父并没说话，钱乙只好试探着问道："爹，这么晚了，您叫我过来，有什么事儿？您说。"

"钱乙，我有一件事儿今天要告诉你。"说着，姑父端起酒壶，斟了一杯酒，又起身拿了一盏酒盅，给钱乙也倒上了一杯。

姑父端着酒盅缓缓坐下，嘬了一口，才慢慢地说："当年，你爹就好这口，天天喝……"钱乙一愣，一时还反应不过来："爹？您说什么呢？"姑父还是像往常一样，微微一笑："你已经长大了，也学成了，我呢，也老了，就像那西边儿的太阳，不久也要落山了。有些事情，也应该

日落之际

让你知道了。”姑父顿了顿，接着上一句话说：“你爹天天喝、顿顿喝，喝没了你娘的买药钱，你那苦命的娘去世以后，你爹受不了打击，就离家出走了——说是要去东海找神仙，把你留在家里，是你爹的邻居发现你没人看管，把你抱到我们这儿来的。我呢，其实是你姑父……”钱乙听完，愣住了，他眼睛直直地盯着吕大夫：“……姑父？”姑父端起酒盅，一饮而尽，又把酒盅“啪”地放在桌子上，默默地转身离去了，仿佛是在用这种方式告诉钱乙，他说的句句都是真话。

钱乙仍呆呆地坐在原地，姑父却翻上了床，接着又对钱乙说：“你的父亲叫钱颢，也是个大夫，你若有心，可以去找他，不必顾忌我。”说着就剪灭蜡烛说：“不早了，回去睡吧。”

钱乙在黑暗中站起身，这一刻他觉得他的四肢都不属于自己了：双手不知该放在何处，双脚也不知该如何走路，只要一动，就浑身别

月光

扭。他不知道自己是怎样回到房间的，他只知道此刻的自己躺在床上，却不知道脑子里在想什么，这一切发生得太突然了。他觉得甚是乏累，想好好休息一下，却怎么也睡不着。于是，他索性任由自己在黑夜中辗转反侧，任由思绪在黑夜中翻飞。天快亮时，他终于用一夜的无眠换来了一个答案：姑父年事已高，我又是家中唯一的男丁，应该承担起作为男人的责任，为姑父养老送终，看到姐姐组建幸福家庭。至于我的父亲，他抛下我独自离开固然有错，但我作为儿子，不该不履行赡养父亲的义务，否则，就是错上加错。

心中的结忽然解开了，钱乙感到一阵疲乏，尽管天已微亮，但钱乙还是很快就睡过去了。

可是，没过多久，钱乙就被姐姐从睡梦中唤醒。钱乙睁开眼，发现姐姐两眼泛红。她低低地说："爹昨晚走了。"钱乙一惊，他虽然知道姑父年事已高、日薄西山，恐大限将至，可从没想过这一天会来得这么快、这么突然。钱乙不由得想：姑父行医这么多年，莫非是早已感觉到昨夜自己可能驾鹤西去，所以将我的身世告诉我……

如今，钱乙已经来不及多想，他必须马上承担起家庭的重担。钱乙以吕大夫儿子的身份安葬了他，并开始为姐姐张罗婚事。在古代，儿女在父母丧期中是不能结婚的，但如果父母双亡，将家中未婚的女儿嫁出反而是大孝。钱乙医术高明、品行端正，很快就有不少优秀的男子上门提亲，钱乙仔细地为姐姐挑选了合意的人选，又卖掉家中的旧屋，把钱全都给了即将出嫁的姐姐，并对她说："姐姐，爹已经告诉了我我的身世，如今你即将出嫁，他们二老也能安息于九泉之下，我也即将启程去寻找我的亲生父亲了。这些钱你拿好，到了婆家千万别让自己受委屈。"都说男儿有泪不轻弹，可话说到这里，重感情的钱乙还是落下泪来，钱乙的姐姐又心疼又不舍，姐弟俩含着泪依依惜别。

中药材

轿子

送别了出嫁的姐姐，钱乙便独自踏上了寻父的道路。

姑父只说父亲是去了东海求仙问道，可这东方又是多远的东方？海又是哪一片海呢？

在古代，没有通信设备和互联网，找人只能依靠在人海中慢慢搜寻，或者通过熟人打听消息。可钱颢已经离家二十年有余，和他相熟的人已经很少了，有关他的消息就更是寥寥无几了。在这样的条件下寻人，无异于大海捞针。但钱乙却对自己说："如果我去寻找我的父亲，我可能会找不到；但如果我不去找，那就一定找不到了。"

就这样，钱乙一路向东。他一边赶路，一边行医，用行医所得做路上的盘缠。可这异乡的生意比故乡的生意难做许多，异乡的人都不认识他，有些时候，他不得不毛遂自荐为自己找活计，因此他遭受了许多怀疑与冷遇。但幸好他医术高明，总能为患者解除病痛，有时还能因此收到一些额外的赏金。去东海的路并不那么好走，有时村子与村

茫茫大海

子之间相隔很远，从一个村子出发，走到另一个村子需要两三天的时间。在这两三天里，周围几里都见不到人。白天，钱乙独自走在寂静的荒野上，只有风从耳边呼呼吹过，有的时候，甚至连风声也没有，四周一片寂静，静得钱乙发慌，他就放声地唱歌给自己解闷；晚上的时候，没有地方下榻，钱乙就找一棵能挡风的大树，搜一些能御寒的干草，把它们堆在一起，和衣在草窝子里勉强过夜。

从故乡到异乡，从内陆到沿海，日月交替，路途遥遥。漫长的跋涉之后，钱乙终于来到了东海边。

海上的货船来来往往，街道上都是川流不息的市民与商人，海浪卷携着吆喝声一阵一阵地向钱乙扑过来。人群神色匆匆，只有钱乙一个人伫立在街市中，望着苍茫的东海。海辽阔，天也辽阔，极远处升起一团雾气，把海与天揉在一起。

钱乙在海边寻了一间破旧的小木屋，作为他在东海谋生的医馆，更重要的是，作为他出海寻父的大本营。有人来找他看病，他就会向这个人打听："您可知道有位大夫叫钱颢？"当地人一听这个寻人的大夫并不是当地口音，便好奇地打听他的来意。钱乙也毫不避讳，他把自己的来意坦诚地告诉每一个向他发问的人。没有一个人在听了钱乙的讲述后不为其孝心所感动的，都说："人品即医品，这个大夫有孝心，看病肯定错不了！"一来二去，十里八乡的人都知道东海边来了个为人孝顺又医术高明的大夫。许多人慕名而来，找钱乙看病，顺便带去有关钱颢的消息。"甭管那消息是真是假，"人们这样想着，"这么孝顺的孩子，谁听说了不想帮上一把呢。"钱乙在海边的医馆红火起来，钱乙也用精湛的医术向信任他的人报以最诚挚的感谢。渐渐地，钱乙在东海这一片儿也站住了脚，并且小有名气，来找他看病的人也络绎不绝。有一天，这个小小的渔村来了乘大轿子，这大轿子被人簇拥着在钱乙小小的医馆前停下。钱乙一见这么大阵仗，忙迎出来。只见门口站着一个衣着华丽的男人，问道："这位可是钱乙？"

"正是在下。"钱乙忙答道。

"我家老爷想请您去我们宅子里给我家少爷、少奶奶们调理身子，活不多也不重，报酬丰厚。您若有意来我们府上……"这位男子手

小船

心向上、五指并拢指向一旁的轿子："请。"

钱乙虽然很想为更多的人解除病痛，可当务之急是要尽快找到自己的父亲，所以，他婉言谢绝了官老爷的邀请，继续呆在海边破旧潮湿的医馆中。每当他得到了有关父亲的消息，便闭店歇业，乘船出海寻找父亲。

出海的日子很是艰难。钱乙只是在个村子里治病的大夫，本就没什么钱，更何况古代交通工具不如现代发达，交通资源又极其匮乏，乘大船舒舒服服地出海自然也不是平民百姓负担得起的。钱乙只得租乘小船，白天忍受海面上灼热的太阳与猛烈的海风，夜里露宿在潮湿的甲板上。海水在夜里释放出阵阵潮湿而冰冷的水汽，直逼进钱乙的身体里，他冻僵了身体，即使在清晨醒来时也无法动弹，只能等着太

小岛

阳升起，一点点将他的身体烘暖。然而，不是每次出海都有结果，更准确地说，他每次出海，大多都没有什么结果。每一次，他都怀着寻到父亲的憧憬出海，但是到达目的地后，并没有父亲的踪影，迎接他的只是陌生与失望，回程也因此比去程更辛苦与漫长。

钱乙并没有因此放弃寻父的念头，他仍是一次次启程。

功夫不负有心人。在钱乙第七次出海时，船遇到了风浪，被迫停在一座小岛旁进行休整。路途劳顿的钱乙决定趁船靠岸之际下船散步休息。钱乙刚下船，便见地上散落着几张破旧的纸，他好奇地拾起了其中一张，发现那居然是一本医书中的一页。钱乙想起姑父曾说过，自己的父亲也是一名大夫。这茫茫东海上，又有哪位大夫会不好好在沿海看病，偏偏跑到如此偏僻的海岛上来呢？钱乙一阵激动，觉得这散落的纸张的主人一定是他寻找了这么多年的父亲。他马上转身对船上的伙计说：“不必等我上船了，我要在这座岛上留一下。”

钱乙在这座海岛上边走边问，终于在小岛的深处找到了一间小小的茅草屋，茅草屋上正袅袅地飘着炊烟。岛上的人和钱乙说，这就是钱颢的住所。

钱乙站在茅草屋前，他日夜寻找的生父与

他仅仅一门之隔了。所谓“近乡情更怯”，此刻，钱乙的心中却无端升起许多疑虑与紧张：这扇门背后的那个人会不会不是我的父亲？就算是我的父亲，他会与我相认吗？会愿意和我回家吗？……他多么想马上推开这扇门，与父亲团圆，带他回家颐养天年。钱乙犹豫再三，还是举起了手，轻轻地叩了两下门。

门“吱呀”一声开了，一位须发皆白的老者出现在钱乙面前。

没有想象中久别重逢的欣喜与激动，只有一阵陌生的气息扑面而来。钱乙望着这位老者，很久没说一句话。

这位老者有些醉醺醺的，他歪着头，眯着眼，盯了钱乙好久。见钱乙很久都不说话，这位老者先开了口：“咝——我说你这小子，有病看病，没病赶紧哪凉快哪待着去！”说着，抬手就要关门，又猛然想起什么似的：“哦——傻病是吧，治不了，治不了！”

钱乙终于缓过神来，向这位醉醺醺的老人拱了拱手：“敢问您是钱颢吗？”这位老者一挺胸，整个身子向后倾去，显出很惊讶的样子：“哟，你是如何知道我的名字的？你是谁？”

“爹，我是钱乙……”

钱颢就愣在了那儿，半晌才抱住钱乙，老泪纵横：“儿子呀，爹对不住你，爹干了傻事

茅草屋

儿啊！我没想到你竟然还活着，更没想到你会来找我呀！”钱颢像突然醒了酒，脸也不红了，使劲儿睁着眼睛，仔仔细细地打量钱乙：“都长这么大了！你这些年是怎么过来的？又是怎么找到我的啊？”面对突然找上门来的儿子，懊悔之余，钱颢有太多的问题要问。

“爹，这您就不用管了，我来接您回家。明早咱就上船，离开这里，咱们回到老家，好好过日子。”钱颢擦着泪，点头应着。

钱颢父子终于回到了东平县的小山村，望着熟悉的一切，钱乙感觉到前所未有的踏实。六七年前，他送走了姑父，告别了姐姐，悄无声息地离开了这个小村庄。乡亲们来找他看病，寻不到人，又不知道钱乙的去向，都议论纷纷，没有一个人知道他的行踪。钱乙就这样成了小村庄的一个谜。

小山村

而如今，这个谜已经揭晓：原来吕大夫并不是钱乙的亲生父亲，钱乙为吕大夫料理好后事后，不仅没有记恨当年抛弃他的父亲，反而去寻找他，将他接回来尽一个做儿子的义务，这是怎样的孝行呀！

乡亲们被钱乙的孝行所感动，纷纷宣扬他的事迹，以此教育自己的子女。钱乙的故事越传越远，有人赏识他，举荐他做官，钱乙却说："我现在好不容易找回了我的父亲，我的首要任务就是让父亲能够颐养天年，我能为乡亲们诊病除疾，恕我不能出任官职……"

钱乙白天为百姓看病，晚上照顾父亲、陪他喝酒解闷。钱颢在儿子的关照下度过了他的暮年，在回到家乡七年之后去世，钱乙又为他守孝了三年。钱乙的事迹，后来被村民们刻在石碑上，传为美谈。

党参

知识加油站

①古时不同阶层人死亡的委婉称呼：天子死曰崩，诸侯死曰薨，大夫死曰卒，士死称不禄，庶人死称死。小孩夭折和病死的，称为殁。（出自《礼记·曲礼下》）

②现代对于人死亡的委婉称呼：走、驾鹤西去、百年、仙逝、归天、亡故、逝世、寿终正寝、去世等。

乡野间的骏马

第四章

辞官回乡 弘扬医术

钱乙既是一名普通的医生，也是皇宫中的太医丞。可在古代，一个平民要想进入皇宫绝非易事，钱乙又是怎样做到的呢？

钱乙在送走了父亲之后，又回到了白天行医诊病、夜晚分析病例、总结治疗方法的生活。他的医术不断精进，日子过得平淡而充实，钱乙并没想着要去谋个一官半职，只是想不断地学习、总结经验，为小儿病提供更多的诊疗方法，让小儿少受病痛的折磨。

都说人生如戏，谁也没想到，在宋神宗元丰年间的一天，钱乙平淡的生活突然被改写了。这一天，钱乙正在村子里为一个孩子诊病，开好药方后，正欲转身离开，忽然门外传来马蹄奔跑的嗒嗒声，这声音从远处传来，离钱乙越来越近，最终在离钱乙不远的地方停下了。这小小的村庄怎

会有这样的声音？钱乙不由探身向外张望。

这一望不要紧，只见一匹高大的骏马立在不远处，正鼓着两个鼻孔向外呼气，显然是跑了很远，才来到这个村子。马上的人侍卫模样，佩刀，腰束革带，神情非比寻常。他左手拽着缰绳，右手持着马鞭，正从马上向下张望。钱乙隐隐有种不祥的预感，正欲缩回头去在这个孩子家躲一躲，奈何已经迟了。马上的这位侍卫显然已经看到了钱乙，马鞭直指向钱乙探出头来的这扇窗子，手一挥，这匹高大的骏马便掉转方向，向钱乙走去。钱乙一看大事不好，这骑马的人衣着华贵，又佩了刀，定是皇宫中的侍卫，又直直地奔我来了，今天这事儿肯定不是小事。皇宫里来人，藏在房子里也不是办法——只得迎出去了。还没到门外，钱乙就先恭恭敬敬地拱起了手，又一路低着头、踩着碎步走了出去，没等那马上的人开口，钱乙便先说了话：“鄙人一介草民，平日笃守国法，

马

不知大人今日找我，有何贵干？”那骑马的侍卫并未回答，只是问他：“你可是这东平县的大夫钱乙？”钱乙心中暗叫不好，但只得点头：“正是在下。”“长公主的女儿病了，今日我奉命来请你为长公主的女儿瞧病，你莫要再耽搁，上马吧。”钱乙不好拒绝，只得翻身上马，心中却犯起了嘀咕：“这长公主可是皇亲贵胄，府上的名医那么多，怎能治不好？”

两匹马飞快地在乡间小路上奔驰着，伴随着马蹄的嗒嗒声扬起一阵尘土，耳边的风喧嚣着，钱乙只能扯着脖子向侍卫喊：“大人，您可知道这长公主的千金得的到底是什么病，府上那么多名医，缘何偏请我这草民来啊？”这位侍卫勒停了马，对钱乙说：“泻病罢了，按理来说很好治，只是这长公主家的千金娇气得很，说什么都不愿吃药，只是哭闹。”他顿了一下，又压低了声音：“公主的驸马又是个武将……横得很，听不得他家宝贝女儿哭，以为是府里大夫治病弄痛了他家千

金，就把大夫全赶出去了，还说要斩了他们，长公主好说歹说才劝住，可已经没有大夫敢给这位千金诊病了……这才说来乡间找一名好大夫呢！有人举荐了你，驸马便要我把你找来……”钱乙听完，惊出一身冷汗，大脑一片空白，仿佛七魂六魄都从身体里飞出。钱乙已经打起了退堂鼓，可转念一想：这驸马点名道姓要我来看病，只怕是去也得去，不去也得去了。

侍卫长叹一声，又对钱乙说：“本来也不该和你说这些的——不过说了也好，你自己多加小心便是了，快些赶路吧，不然若驸马又怒了，咱俩谁都没有好果子吃！”说着，便一甩马鞭，马长嘶一声，如离弦之箭一般奔了出去，钱乙微微恍神，随后也打马跟上。

到了长公主府上，还没进门，钱乙便看见门外齐刷刷地跪了一排大夫，他们的手拘在膝前，头深深地低着，看得出来都十分紧张，钱

马蹄声声

乙来了也没人敢抬头看一眼。钱乙一见，刚消的冷汗顷刻间又流满了脊背。钱乙没敢多看，也低着头，快步向门里走去。

驸马见了钱乙，赶忙将他迎进门来，领着他向女儿的房间走去，又紧紧地握着钱乙的手:“神医呀，您可千万要把我这个宝贝女儿治好啊，您要多少酬金，我都给您……”钱乙诧异极了，若不是听那侍卫说这位驸马着实暴躁、又亲眼看到门外跪着的医生，还真以为这位驸马是通情达理的好人呢！钱乙慎之又慎，不敢和这位驸马多说一句话，只是向这位驸马作了个揖:“不知草民可否斗胆请大人与草民一同进屋，为您的千金瞧病？有了您，我也能更好地了解千金的症状、更好地诊病啊！”其实，钱乙只想让驸马看着，别到时女儿哭闹又怪罪到自己头上来。可驸马却大手一甩:“不必！我信任您！”钱乙心中暗叫不好，但也只能硬着头皮往屋子里进。

这位千金一看又进来了一个大夫，二话不说张嘴又要闹，钱乙忙说:“您若听我的话，不哭不闹，我自有办法让您不吃药便能痊愈。”驸马的女儿一听，敛住了声息，静静地让钱乙为她诊病。钱乙查看了一番，转身出屋对驸马说:“大人，您女儿的病不必吃药，您只需让她好好休息，待明日她出一通疹子，病自然就

药材

好了。”驸马一听，暴跳如雷：“你这个胡说八道的庸医！我女儿明明只是腹泻，怎又让你瞧出了疹子！再说，外面那么多大夫都给开了药，怎偏偏到你这儿就‘不必用药’了？你存的是什么心！”说着，抽刀便欲往钱乙脑袋上砍，长公主忙来拦：“使不得，使不得！”驸马持刀的右手高高举起，满脸横肉堆作一团：“夫人，你莫要拦我！我今日若不杀了这个庸医，贻害无穷啊！”

这时，驸马的女儿说话了：“父亲，您不要杀他，我就要他给我看病！”驸马一愣，接着把刀收回刀鞘，一把搂住女儿：“哎哟，你怎么还信这个土包子大夫的话啊！他不是在给你治病，是在害你啊！”钱乙一听，这简直是赤裸裸的羞辱！瞧不起人！——士可杀，不可辱！钱乙怒不可遏，起身便要前去找驸马理论。长公主见状忙拉住钱乙，使眼色叫他赶紧出去，不要生事。侍卫也心领神会，把钱乙拉出门去。驸马一看钱乙“溜”了，起身抽刀又要去寻。长公主拦住驸马：“好了，你消消气，他只是在外面候着，没有逃跑，我让侍卫看着呢。”长公主递上一杯茶，又说：“我们信一下这位大夫的话又何妨呢？女儿见了其他大夫又哭又闹，可见了这位非但没哭闹，反而让他治病，这说明这位大夫医术高明啊！毕竟他不也没把咱们的女儿怎么着嘛……”驸马一想，觉得夫人说得也有些道理，便冷静下来，消了气，收了刀，却也不忘向门外大喊一声：“给我看住了这个土大夫！若是耽误了我女儿的病，我取他的脑袋！”

第二天一早，驸马女儿便出了疹子，更神奇的是，她的病果真如钱乙所说，没喝一服药便自行痊愈了。长公主和驸马很是惊奇，驸马更是感到十分不好意思，他取了许多金银，要给钱乙当作看病的酬金。但钱乙却婉言谢绝了这份丰厚的报酬，只取了诊费便离开了。驸马对钱乙十分敬佩，回到家里，他把这件事讲给了长公主，长公主听了，也十分赞叹，说：“钱大夫真是个君子！”于是，长公主将这件事奏给了皇上。皇上听说钱乙不开一方就治好了长公主女儿的病，为人又如此正直，也十分欣赏钱乙，便授予他翰林医学士，赐给他象征高贵身份的红袍，让他留在宫中。钱乙就这样从乡下被召到了皇宫中，他虽

有普惠百姓的愿望，可在当时，皇帝的旨意是万万不敢不从的。钱乙就成为一名皇室医生，专门给皇室看病了。

钱乙既然已经受了皇帝的封赏，就不好再说回乡继续行医的事了。于是钱乙就留在宫中，平日帮宫里的大臣看些小病，毕竟只是个芝麻官，在等级森严的封建社会的皇宫中，给太子公主看病像他这样的职位是不行的。在这宫中，除了太子公主之外，又没有其他小孩儿，所以，钱乙那精湛的治疗小儿病的医术也无用武之地，日子过得颇为无聊。一年的时间很快过去了，虽然留在宫中不愁吃、不愁穿，也有银子可赚，可钱乙觉得这样的日子着实无聊，思前想后，还是觉得自己应该找个理由辞职回乡，接着为老百姓看病。可就在这时，宋神宗的九儿子生病了，浑身不停地抽搐。

这位皇子可不是一般的皇子，他自幼聪明伶俐、为人正直，所以

皇宫一角

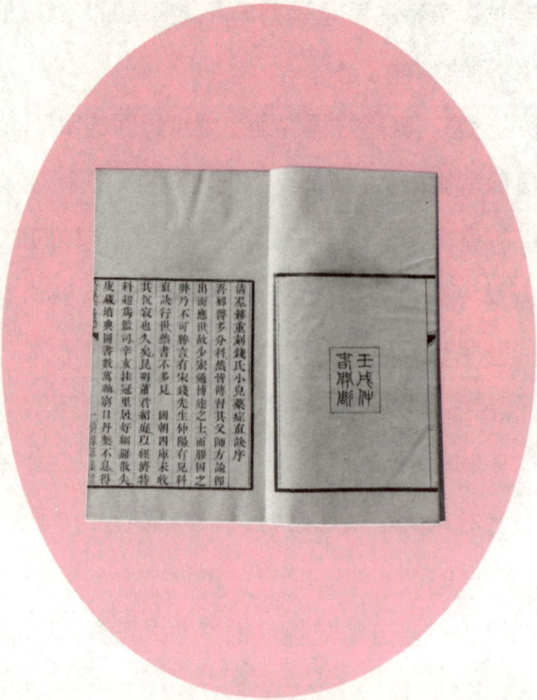

钱乙关于专攻小儿病症的内文

宋神宗很看重他，在他很小的时候就给他封地、加封爵位。见皇子病得如此严重，宋神宗心急如焚，下诏请宫中最好的太医来把脉、诊病。药吃了很多，可皇子的病非但没有一丝好转，反而抽搐得越来越频繁。这让宋神宗如坐针毡，下诏所有太医齐上阵，能为皇子治好病的有重赏。太医们也知道皇帝十分器重这位皇子，因此不敢妄下结论、贸然施治，虽绞尽脑汁，却找不到有效的治疗方法。就这样拖了许多日子，皇子病得愈发严重，宋神宗也越来越焦灼。可太医都请遍了，没有人能医好皇子的病。宫中上下一筹莫展，气氛凝重得像覆了一层厚重的愁云。

钱乙听说了这件事，觉得凭着自己的能力，应该能做一下尝试，于是便向宋神宗毛遂自荐：“微臣听闻皇子患病，久治不愈，深感痛心。臣在民间时，曾专攻小儿病症——臣斗胆奏请为皇子诊病……”宋神宗对眼前这个翰林医官颇有些怀疑，但念及他曾不开一方就治好了长公主

愁云惨淡

笔墨

女儿的病，眼下又没有太医能治好皇子，便答应了钱乙的请求。钱乙叩谢了宋神宗，来到皇子的住所，看过皇子，便索了纸笔，开出方子（像钱乙这样的医官开的方子，是要给太医看过再呈给皇上的）。太医看了方子，犹犹豫豫地把药方呈给了皇上："钱乙的药方，臣看过了，用药的确没什么问题，只是……"太医皱着眉，拉长语气，好像在揣度下一句话该不该说出口。"只是什么？你莫要卖关子，速速与我说来！"宋神宗焦急地催促着。太医涨红了脸："只是……这药方里有一味黄土，这……"

钱乙见状，忙解释道："皇子抽搐，应是患了风疾，用黄土汤治疗此症，效果显著。"宋神宗听了，虽然还有些怀疑，但皇子的病也耽误不得，只好一试。于是吩咐太医按方煎药，给皇子服下。皇子服用一剂后，病情就得到了控制，服用了第二剂后，就彻底痊愈了。

宋神宗喜出望外，下诏奖给钱乙丰厚的金银，又提拔钱乙为太医丞，赐他紫衣官服和金鱼袋。可钱乙又一次婉言谢绝了封赏，只是和宋神宗说："臣恳请皇上准许我辞去官职，回到家乡。我实在是放不下我家乡的父老与幼儿啊！"宋神宗虽不愿意让钱乙离开皇宫、回到家乡，但钱乙毕竟治好了太医都没能治好的病，算是救了皇子一命，是功臣，于情于理，都应该答应钱乙的请求，便点头允了。但他也和钱乙开了条件："我准你回乡，但你依旧是朕的太医丞，若宫中需要你，你应速速回来，不得耽搁。"钱乙也知道，和天子谈条件，得懂得见好就收，况且这宫中名医云集，估计也轮不到自己看病了，于是谢过皇上，放心地收拾东西回家去了。

钱乙一回到家，还未来得及进屋，便有邻里紧紧拉着钱乙的手，仿佛怕他再跑了似的，直接把钱乙连着包袱铺盖带到了一个村民家，边走边向钱乙诉苦："钱大夫啊，您走的这段时间里，村里村外的小孩得了重病，都没人给看，要么就是越治越重，不少孩子都夭折了。乡亲们都说，若是钱乙在，说不定就能给救回来……钱大夫啊，您这次回来，

能不能别再走了啊……”钱乙一听，不由得又悔又愧：“自己在宫中呆了一年，靠着百姓交上来的税过着锦衣玉食的生活，却除了治好了皇子的病之外一事无成。自己在宫中是个可有可无的存在，可在民间，却是村中小孩子的救星。自己在宫中待了一年，不仅医术上没有什么精进，反而蹉跎了光阴，更害了娃娃们的性命啊！”钱乙觉得亏欠了百姓，但幸好自己辞官回来了。于是他加快了脚步，赶往病人家中。

这次生病的，不是小儿，而是个孕妇。这孕妇身体本就羸弱，随着胎儿的发育，孕妇的营养已经满足不了两个人的需求，因而有流产的先兆。在钱乙回来之前，家人已经找了许多大夫看过，但没有人能给出治疗方案。孕妇万念俱灰，整日以泪洗面，此时的钱乙，已然成

乡间景色

中药材

了她的最后一根救命稻草。钱乙看过后，根据孕妇怀胎的月份，开方专补，又为后面的其他月份，预先开好药方，嘱咐她按时换方滋补。果不其然，几天以后，孕妇便没有了流产的征兆，胎儿也正常发育了。经过此事，钱乙发觉民间的百姓比皇宫中的贵族更需要一名好大夫。于是钱乙暗下决心，一定要扎根民间，著书立说，弘扬医法，造福百姓。

宋代官服

知识加油站

①尊称：也叫敬称，是对对方表示尊敬的称呼。针对不同的对象，称呼可有多种。

称呼帝王时，一般有“陛下、大王、王、上、君、天子、万乘、九重天”等。

对一般人，则有“公、君、足下、子、先生、夫子、阁下、大人、兄台”等。

古代对对方的父亲称令尊、尊公；对对方母亲称令堂、太君；对对方的儿子称令郎、令嗣、哲嗣、少君、公子；对对方的女儿称千金、玉女、令爱等。

②宋代衣服颜色对应的等级：宋代官员服饰，有严格的等级限制。北宋前期，三品以上服紫，五品以上服朱，七品以上服绿，九品以上服青；神宗元丰改制后规定：四品以上服紫，六品以上服绯，九品以上服绿。

峰峦叠嶂

第五章

再次入宫　志返回乡

钱乙心系故土与百姓，但深受皇帝喜爱的钱乙似乎无论如何都无法彻底从皇宫中脱身，这让他忧愁不已。终于，钱乙想到了一个好办法，让皇帝准许他辞官回乡了。他是怎样做到的呢？

钱乙一心扎根民间，可偏偏天不遂人愿。没过多久，以为从此就告别皇宫的钱乙忽然接到一道急诏，叫他快快回宫，前去诊病。钱乙接到诏书，非常意外，心想：这皇宫里怎么隔三岔五就有太医都治不好的病，但自己与皇上有承诺在先，如今皇上下诏来请，也只得快马加鞭地赶回宫中。

回到宫中，钱乙才知道，原来是广亲王的儿子七太尉生病了。广亲王一见到钱乙，便对钱乙说："钱太医，你可快来瞧瞧我这七儿子，看他得的是什么病。从昨日起，他就面色潮红，吃不进东西。我请了宫中许多太医来，他们竟都说我这儿子不必吃药，过两天便会自行好转……可你

诊脉

大黄

看，孩子都已经吃不进东西了，这群庸医竟还说他不必吃药，简直是荒唐！”钱乙一听，这面色潮红，大抵只是潮热，不是很严重的病，只是这广亲王想让自己来一趟罢了！钱乙心中有些不悦，他没回广亲王的话，径直走向了广亲王七儿子的居所。

广亲王仍跟在钱乙身后，念叨着：“别的太医诊病，我都不放心，我这七儿子可是聪明得很，容不得半点差错，只有你来看，我才放心……”说着，钱乙已经摸好了脉、诊完了病。他转过头，肯定地和广亲王说：“王爷，您七儿子的病的确只是简单的潮热，不用药就能痊愈，您也不必过分担心了。”广亲王长舒一口气：“既然钱太医也这样说，那我便放心了。”钱乙心想：“感情皇上说的有需要便诏我回宫，并不是宫中有太医治不好的疑难杂症，而是这些王公贵族何时想让我看病，我就得随叫随到，可谓滑稽至极！”

此时，钱乙又瞥到了在一旁玩耍的广亲王的八儿子。此时已是暮夏，暑气有所减退，可这个孩子一会儿在水池旁戏水，把整个手臂泡在水里划来划去，一会儿又整个人贴在树荫下的石凳上。钱乙觉得这孩子的行为很是反常，便和广亲王说："那位小公子可是您的王子？"广亲王说："是，这是我的八儿子，他怎么了？"钱乙望着这个小孩，说道："请您把他叫过来，我要给他诊一下脉。"广亲王虽不知道钱乙此话是什么意思，可还是把八儿子叫了过来。钱乙把过广亲王八儿子的脉，严肃地对广亲王说："您家七公子虽无大碍，可这位八公子却病得厉害，发急病是早晚的事儿，您要多加注意啊！"广亲王一听，霎时就变了脸色，"啪"的一声拍桌站起，对钱乙厉色说道："你这个大夫是怎么看病的？我这个七儿子，现在病怏怏地躺在床上，我看得起你，特意请你来给他诊病，你说他不用吃药便可自愈，我信了你。可你现在又说我这个活蹦乱跳的小儿子迟早要发急病，你这庸医可是瞎了眼？"钱乙耐下性子，和广亲王解释道："大王，您的七王子得

何首乌

夏日生机勃勃

石凳

的只是一般的潮热，如今暑气将消，他的潮热自然过不了多久就会消退；可您看您的八王子，他一会儿戏水，一会儿又趴在石凳上，这是因为他身体燥热，想要纳凉。您这八王子身体肥胖，腮部泛红，我又摸过他的脉，脉象急促，这是脾气虚而肝火盛的表现，如果我推断得没错，明日他就会发病。像他这样的体质，发起病来一定要抽搐的，抽搐可谓是急病中的急病，若不是为八王子着想，我怎会自讨没趣？”广亲王听罢，更是怒气不打一处来，心想：“这小小太医竟然顶撞到自己头上了，本就是请他来为七儿子看病，想让他开出个药方，可他药方没开出来，反而在这睁眼说瞎话，不仅诅咒我八儿子，竟还开始评论起我八儿子的身材了！”

钱乙却好像没有察觉到广亲王的不悦，接着说道：“若大王您信得过我，便从现在起按我的药方预防八王子的抽搐，三日后正午就会没事了。”广亲王听后勃然大怒，指着钱乙的鼻子破口大骂：“我真是瞎了眼！竟会赏识你这个土大夫！——杀了你我都嫌晦气！”说完，气汹汹地拂袖而去。

钱乙也是有脾气的人，您信不着我，我也不跟您操这个心；您嫌我晦气，我走便是。随即两手一抱，往胸前一叉：“告辞！”便甩了袖子，头也不回地离开了广亲王府。广亲王也着实生气，手按在胸口上好一会儿才把怒气平息。

钱乙离开了广亲王府，越想越觉得心中不平。广亲王只是因为不信任其他太医便把自己叫来给公子看病，当真不把这些宫中的医生当人折腾；折腾自己也便罢了，好歹来一趟还看出了八王子的隐疾，可若这广亲王听自己的话，给八王子服药预防，也算自己这一趟折腾的值得，结果呢？这广亲王脾气竟然这般的差，半句话不合他胃口便破口大骂，还说自己是庸医，真是荒唐至极！随即又想起之前给长公主女儿看病时，那驸马又是何其恭维，可到最后竟要抽刀杀人，若不是长公主明事理，出手劝阻，恐怕自己早已人头落地了。在宫中仅仅给这些贵族看了三次病，就两次被人冤枉，被骂得狗血喷头，还差点儿搭上性命，这宫里的贵人真是金贵难伺候啊！

钱乙愤愤地想着，又觉得自己岁数也不小了，何苦来宫中受这个气。只想着彻彻底底辞官不干，今后就算宫中有人得了重病，也别来找自己！

可又想到八王子那天真的模样，钱乙到底还是不忍就这么看着八王子发病抽

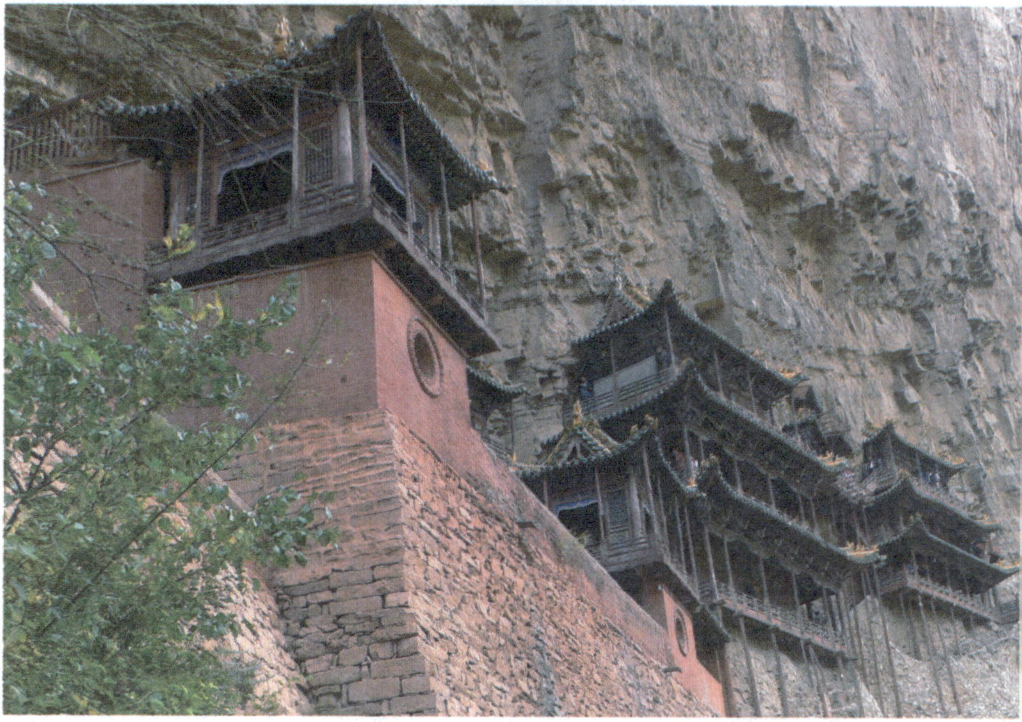

古建筑

厚朴

搐，于是他转身去了宫中药房，留下方子请太医煎好，又将药转托给广亲王府上的侍卫，嘱咐他一旦八王子发病抽搐，就把这服药给八王子服下，再告诉广亲王，三日后的午后王子就会平安无事了。侍卫对钱乙在宫中的逸事早有耳闻，也清楚广亲王的脾气，听钱乙如此嘱咐，不由得心生敬意，夸赞钱乙是位尽职尽责、心胸宽广的好大夫，又承诺一定把药带到，保证八王子能及时用上药。钱乙摆摆手："罢了罢了，八王子是无辜的，我不能因为广亲王待我不善，而让小孩子遭受病痛的折磨啊！"

说罢，便打算去奏请皇上，让皇上准他辞官回乡，安心行医，著书立说，弘扬医法，造福百姓。奈何天色已晚，皇上早已退朝，钱乙只好落榻宫中，待明日皇上上朝之后，再奏请辞官一事。

第二日清晨，八王子好端端突然抽搐起来，这可吓坏了广亲王，原来钱乙说的都是真的！现在八儿子抽搐不止，手边又没有钱乙的药方，广亲王犯了难：昨天自己一点情面也没留地把钱乙骂走了，现在又怎好拉下脸再去请，退一步说，就算去请，钱乙恐怕也不会来了。广亲王急得在房间里一圈一圈地踱步，直恨自己昨天竟干了如此糊涂的事！终于，广亲王一咬牙一跺脚："来人！快快去请钱乙来！"侍卫此时呈上一方药："大王，这是钱乙昨日吩咐我转托给您的，说今日八王子如果发病就服这方药，三日后的午后即能痊愈，叫您不要担心。"广亲王拿了药，急急忙忙给八公子服下。见八王子症状减轻，广亲王端着空空如也的药碗，心中五味杂陈，更是羞愧难当。于是广亲王便携了金银，打听钱乙在哪，要亲自去当面致歉，感谢钱乙仁慈心善，救了八王子一命。

出了府门，广亲王逢人便问钱乙在哪。大家都以为广亲王因为八儿子发病要去找钱乙算账，全都缄口不言，摇着头说不知道。广亲王满头大汗，拍着大腿说："哎哟，这恩人找不到，罪也没处赔！"旁人一听，明白了。原来这广亲王不是找钱乙算账去的，而是要去感谢钱乙的！便忙和广亲王说："您快去皇上那儿找他去吧！钱乙正在和皇上请示，说要辞职还乡、彻底不在宫里了，您要去晚些，说不定人家就背包走了！"广亲王一听，快马加鞭赶到皇宫，"嗵"地跪在皇上面前："皇上，您可千万不能让钱乙走啊！他是位医德高尚的神医啊！"钱乙彻底被这个"不速之客"的一席话吓呆了，在一旁愣愣地看着广亲王，心想：这好说歹说刚和皇上谈通，怎么广亲王又来搅和，这官还辞得掉吗？

正如钱乙预想的，皇上一听广亲王的话

麦门冬

就来了兴致："为什么如此挽留钱乙啊？说来听听！"广亲王便将这两天的事一五一十地向皇上讲来，皇上越听越高兴，这钱乙的确是位正人君子！当初自己赏识他，也算是慧眼识珠。可钱乙在一边却是越听越伤心，这辞官回乡怕是没戏了。

果不其然，皇上听完了广亲王的讲述，面露喜色，随即扭头对钱乙说："钱太医，我可是没看错你，你医术既然如此高明、为人又如此善良，为何要辞官回家啊！我看你不如就留在宫中，别再回去了！"

钱乙欲哭无泪，只得点头应下，想着这次连家也回不去了，该如何向那些盼着自己回去的乡亲们交代啊！

夜里，伴着淅淅沥沥夏末的雨，钱乙在榻上辗转反侧，难以入眠。夜里天凉，再加上空气潮湿，他的关节便隐隐作痛，这是他下东海寻父

杜

題

时在海上漂泊受苦落下的病根。年轻时，这种疼痛顶多算作风湿痛，病症轻，偶尔发作也不是很痛，可随着时间的推移，这病越来越严重，现在应该已经发展成了周痹。相比风湿，周痹就是很重的病了，不但遇冷、遇湿就疼痛难忍，而且这个周痹之毒还会日渐内侵，一旦侵入内脏，病人不日就会死亡。如今，这疼痛似乎是在提醒钱乙：他年事已高，时日无多，更应该回乡报答培育他的小村庄，造福后世。可现在，钱乙却如囚鸟一般被留在宫中，几天都没有一个人要他看病，又因为皇上赏识，不少太医嫉妒他，排挤他，此时的钱乙只能在宫中做一些不痛不痒、无关紧要的小事，钱乙又着急又委屈。

忽然，钱乙心生一计。第二天，他就为自己开了方，抓了药，将数十味中药熬成药汤，日夜饮之。慢慢地，钱乙的手脚就不如之前灵活了，钱乙却十分高兴，不禁拍手大呼："太好了，这事儿成了！"原来周痹虽然不可治愈，但钱乙设法将周痹之毒转移到了手足，使周痹之毒无法内侵以致危及性命，同时，钱乙还能借口手脚不利告病还乡。

中药材

钱乙马上去找皇上，谎称自己生了重病：“臣早年患病，如今已发展成了周痹，手脚不便，且痹毒已然内侵，恐时日无多，无法再为宫中效劳。愿乞骸骨，请皇上恩准。”皇上见钱乙三番两次想要辞官还乡，心有不悦，可如今一看钱乙的确患有重疾，只得准他辞官回乡了。

钱乙获准辞官还乡，心中大喜，忙叩谢了皇上，收拾包袱，启程返乡。快马轻舟，没过多久，钱乙就回到了自己的家乡。

回到家乡，钱乙便去东平县的山上采一种叫茯苓的药材。茯苓常寄生在树木根部，很难找到，但采茯苓对于钱乙来说，却是很简单的事情，因为他有独特的技巧能找到茯苓的根部：茯苓生有菟丝，而菟丝生在地面上，钱乙就根据菟丝的位置寻找茯苓。他先找到菟丝，再用火引燃，观察火是在哪里熄灭的，火在哪里灭了，哪里就是菟丝的根。从菟丝的根部开挖，就能挖到茯苓。钱乙按照这样的方法，不一会儿就挖出来一块斗大的茯苓。回到家后，钱乙按照特定的方法炼制这块

茯苓，整整吃了一个月，疗效逐渐显现了出来，虽然他的手脚活动不便，但是身体已经被完全调理好了，就跟没病的人一样。

治好了自己的病，钱乙便重新投身于小儿病的研究和治疗。经过大半生的学习、实践和总结，钱乙已经形成了独到的诊疗小儿病的方法，应用起来也是游刃有余。

有一户人家新得一名男婴，出生不到一周，已经抽搐了三五次。钱乙从宫中回来之前，这家人已经请了很多医生，有的说这孩子得的是天吊，有的说是在母胎中受到了惊吓，因此患上胎痫。每个医生都按自己的诊断给这个男婴治疗，但治疗效果都不好。家人一度以为这孩子病入膏肓，已经回天乏术了。后来钱乙回乡，这户人家便请钱乙看病。钱乙说孩子病得不重，叫他们不必担心。钱乙使用的是治疗抽搐的大青膏，但钱乙只给小孩内服一服。此后，每次只用小豆大小的一丸涂在小孩的囟门处，又配了药方让他们在给婴儿洗澡时把药用棉

茯苓

纱裹起来，放在给小孩洗澡的温水中，让小孩做药浴，治疗三天后孩子就不再抽搐了。

大家都觉得钱乙简直是华佗在世，不仅能为孩子开出对症的药方，治疗手法也独树一帜，都问钱乙怎么知道自己能救活这个孩子，又为什么采取这样的治疗方法。钱乙解释道：“婴儿因为刚刚出生，肌肤柔嫩，骨骼柔弱，一旦被风邪所侵，就易发作抽搐。但这样的婴儿抽搐，并不像一般孩童抽搐那般严重。如抽搐发作的次数少，是脏腑病变，难以救治。这孩子抽搐频频发作，反而说明病情较轻，是风邪所致，内脏并没有受损，所以我确信这个孩子可以救治。治疗风邪，应当发散外来的风寒，所以我选用大青膏。但孩子年纪尚小，体质柔弱，不能多服，否则易产生热症。所以我只给他服了一服，先平稳他抽搐的症状。之后，我再用涂抹和药浴的方法，使药剂缓慢渗入病灶，既能治疗他的风邪，又不至于让药伤及筋骨，以免给小孩留下后遗症。”

在场的人听过钱乙一番解释后，无不啧啧称奇。

知识加油站

①乞骸骨：自请退职，意为请求使骸骨归葬故乡，回老家安度晚年。

②亲王：是中国爵位制度中王爵的第一等，亲王的正室为亲王妃。一些邻国受中国影响也以此为爵位名。此外，欧洲中世纪以后，中文也用“亲王”来翻译欧洲贵族爵位中相应等级的称号。

中药材

葛根花

第六章

治病收徒　著书立说

“六味地黄丸”这著名的中药正是钱乙创制的。除了六味地黄丸之外，钱乙为中医药学作出的贡献还有许多，在这一章里，就让我们一起来了解一下钱乙为中医药学作出的贡献吧！

钱乙一生行医数十年，在行医诊病的过程中，他善于裁化古方，创制新方。每当他创制一方新药，就会把这一方药炼成药丸，以供更多有相似病症的患者使用；他还根据小儿的生理特点活化药方，酌情增减药的用量；此外，他还将食疗运用到治疗过程中，先后创制了治疗痘疹的升麻葛根汤、治疗小儿心热的导赤散、治疗小儿肺气盛急的泻白散、治疗消化不良的异功散、治疗肺寒咳嗽的百部丸和治疗小儿虫痛的安虫散等。

在他的药方中，最著名的当属“六味地黄丸”。六味地黄丸乃是钱乙首次入宫时在宫中创制的丸药，是钱乙还是个小医

《金匮要略》

官的时候，在宫中闲来无事，按张仲景《金匮要略》八味丸改制而成的。当时，宫中的太医嫉妒他的能力，处处刁难他。一个太医看到钱乙正按照自己开的六味药方炼制丸药，便拿了药方，颇有嘲讽之意地对钱乙说：“钱太医，我怎么记得张仲景的八味丸有地黄、山药、山茱萸、茯苓、泽泻、丹皮、附子、肉桂八种。而您这方子只有六味，好像少开了两味药，您该不会是一时大意忘记了吧？”钱乙自然听得出这个太医语气里的不屑与嘲讽，但他并不生气，只是平静地解释：“张仲景的八味丸是给大人用的，我这六味丸是给小孩子用的。小孩子阳气旺盛，所以我在原方上减去了肉桂、附子这两味益火的药，制成六味地黄丸，免得小孩子吃了过于暴热而流鼻血，您看对吗？”这个太医听了，羞愧难当，明明是想让钱乙出丑尴尬，反而暴露了自己的无知，只得忙赔不是：“久闻钱太医用药灵活，今日一见，果然名不虚传，是在下愚妄浅薄，实在是羞愧！”

时至今日，六味地黄丸仍旧是一种疗效显著、副作用低的中成药，被现代社会的患者广泛使用。

在第二次返回家乡的时候，钱乙已经步入人生的暮年，他觉得应该为自己的小儿医术挑选一名合适的继承人了。此时，有一户人家找到钱乙，请他为自己家的小孩诊病。这户人家不是钱乙村子里的，他家的小孩方才五六岁，却患了难症，老是呕吐、腹泻，严重时周身脱水。孩子神识昏迷、垂危欲绝，请了许多大夫，治了许久都没治好，有的大夫甚至直接告诉孩子父亲，这孩子救不活了，趁早准备后事吧。

每次，孩子父亲听到这样的话，都不禁泪流满面。孩子都是父母的心头肉，父亲怎么忍心看着自己的孩子就这样在生命的边际挣扎，慢慢坠入死亡的深渊，与自己阴阳两隔呢？于是他四处打听，找医生给孩子治病。一天，有个早年走南闯北做生意的老人对他说：“我听说有个专门研究小儿病的医生，给孩子治病很有一套，住在东平县，叫钱乙，人称‘小人王’。找他给你儿子看看吧，也许有救呢。”

孩子父亲就这样找到了钱乙。钱乙一看，这孩子身体瘦瘦小小，手脚抽动，面无血色，眼睛似睁似闭，叫也叫不应，就知道这疾病来

六味地黄丸延传至今。由左到右、由上到下依次为：泽泻、山茱萸、茯苓、地黄、丹皮、山药

河川

得凶狠，不由得叹了一口气。孩子父亲在一旁一直观察着钱乙的一举一动，看到钱乙叹了气，孩子父亲彻底绝望了：这专门治疗小儿病的大夫都叹气了，这孩子怕真是没救了。于是就和钱乙说："大夫您不必为难，若治不了，我也不会怪您。"钱乙却说："孩子的病的确来得凶狠，不过也不是完全没有希望，我愿一试。"孩子父亲听了，连连作揖，感谢钱乙肯为他家的小孩治病。钱乙便开始问诊："您家这孩子吃饭怎么样？喝水喝得多吗？"孩子父亲听了，忙回答道："吃饭吃得不多。自打这孩子生病以来，不论吃进去什么，都会腹泻。腹泻一回，孩子就虚弱一分，现在根本不敢再给孩子吃东西了，水就更不敢给喝了。但这孩子时常干渴难忍，我们只给一点温水润一润喉咙。"

钱乙点点头，开了方白术散，并解释道："孩子这样的症状，应该是脾胃虚弱引起的。脾胃之于人体就如那大坝之于河川，如果脾胃虚弱，就相当于河川的大坝溃掉了，河坝一旦溃塌，上游就会存不住水，而下游则会洪水泛滥，这样就会带走下游的水土与养分；人也是一样，脾胃

白术

药材

虚了，在脾胃之上就会表现为口渴，在脾胃之下则会表现为腹泻，人一泻，就像洪水带走土壤中的养分一样，人体中的营养也会被带走，这就是你们家孩子泻一次便虚弱一分的原因。这白术散是止泻的，先把孩子的腹泻治好，才好慢慢调养。”

钱乙念及孩子治病需要长期调养，孩子的家又离东平县太远，孩子羸弱的身体也经不起折腾，便和孩子父亲说：“您若相信我，可将孩子留在我这儿，一来有突发情况我可以及时救治，二来免去路途劳顿，孩子也能好受些。过半个月，您再来我这里，那时他应该已经恢复一些，您再接他回家慢慢调养。”

孩子父亲感激涕零，将孩子留在钱乙的居所慢慢调养。果然，不到半个月，孩子的腹泻就止住了，孩子能够正常地吃饭饮水，身体也慢慢地健康起来。钱乙又为他开了新方，巩固他的体魄，偏补他的脾胃，再以日常饮食配合治疗，给他无微不至的照顾，按照他的体质精准调配每日的药方和用量。等父亲来接他时，他已能下地行走了。孩子父亲一见，又惊又喜，说钱乙简直是华佗再世、妙手回春，竟让孩子起死回生了。他拉着孩子让孩子认钱乙为义父，又要把家中所有银两都赠给钱乙，以感谢钱乙的救命之恩。

钱乙谢绝了孩子父亲的银两，摆摆手说："我哪里是让孩子起死回生了，我又不是神仙，只是个小小的乡里大夫，是这孩子同我有缘，命不该绝罢了！"孩子父亲听了这一番话，感慨万分：如今有多少医生，偶然治好一两个病人，便居功自傲，大张旗鼓地宣扬自己的医术；又有多少"圣手"遇到疑难杂症便推说病人已病入膏肓，没有治疗价值，实则是担心自己的名声毁于一旦。可这位钱大夫，非但不居功自傲，反而谦虚仁爱，可见人品非凡。

在以后的许多年里，每次这孩子患病，他的父亲都会带他来找钱乙看病。钱乙每次看见他亲手救回来的小孩又长大了一些，也感到十分欢喜。这个小孩听说钱乙在他生命垂危时曾救他一命，更是感激万分。渐渐地，他也对小儿医学产生了浓厚的兴趣，并且立志成为一名像钱乙一样优秀的医者。

有一天，这个孩子鼓起勇气，将自己想要学医的想法和父亲说了。

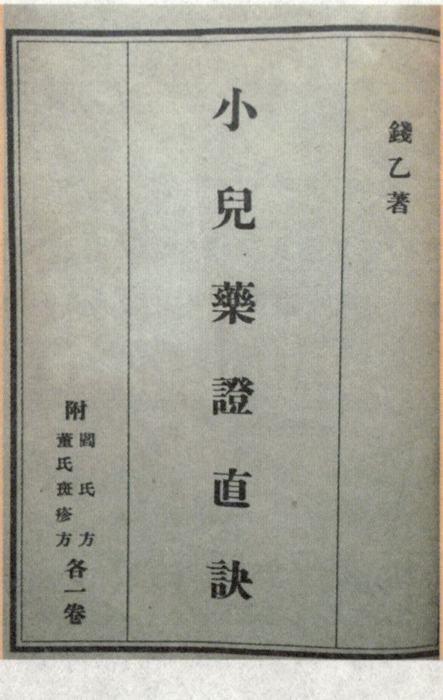

《小儿药证直诀》

孩子父亲很是欣喜，便和钱乙说：“今日犬子同我说，他也想学习小儿医术，为天下小儿排病解忧。如果先生不嫌弃，可否收犬子为徒，师从您这般怀瑾握瑜、医术高明之人，我也放心啊！”

钱乙笑笑说，若孩子当真感兴趣，有这份心，我十分愿意收他为徒，我这扇门永远向他敞开。

于是，这位幼童就成了钱乙的弟子。他就是阎季忠，钱乙唯一的徒弟，《小儿药证直诀》就是他记录钱乙的医案编成的。

阎季忠师从钱乙十余年。在这期间，他刻苦研读医书，以自己的师父为榜样，不仅学到了钱乙小儿辨证医法的精髓，而且将钱乙教给他的知识进行了更系统的理解和总结。这使得他在为小儿诊病时能够游刃有余、药到病除。所谓青出于蓝而胜于蓝，钱乙小儿医法的血脉，也这样在阎季忠的身上得到了传承和延续。

钱乙逝世后，阎季忠为了纪念师父，同时也为了完成他和钱乙让“幼

《小儿药证直诀》

药材

《小儿药证直诀》

者免横夭之苦，老者无哭子之悲”的学术理想，他开始收集整理钱乙曾开过的旧方。这些旧方是钱乙尚在世时整理收集的，只是还没来得及成书，钱乙就逝世了。

既然要为师父整理药方，阎季忠就想将其做到极致。他不仅收集了钱乙生前留存的药方，还仔细回忆从师钱乙这些年随他看过的病症和钱乙开出的药方，又回忆了早年间钱乙为自己看病时给出的药方。可有的药方因为经年久远，已经很难收集。阎季忠便通过走访、写信等方式，询问曾经请钱乙给自己家孩子看过病的人，让他们回忆当时的症状和钱乙给出的药方，再将这些药方整理归纳到编书的材料之中。但这样收集到的、在民间口耳相传的药方，往往不准确；有文字记载的药方，也由于社会传抄出现失误，或在与不同版本的杂方进行对比时出现了误差，这些，都需要阎季忠亲自勘误。可此时的阎季忠已经

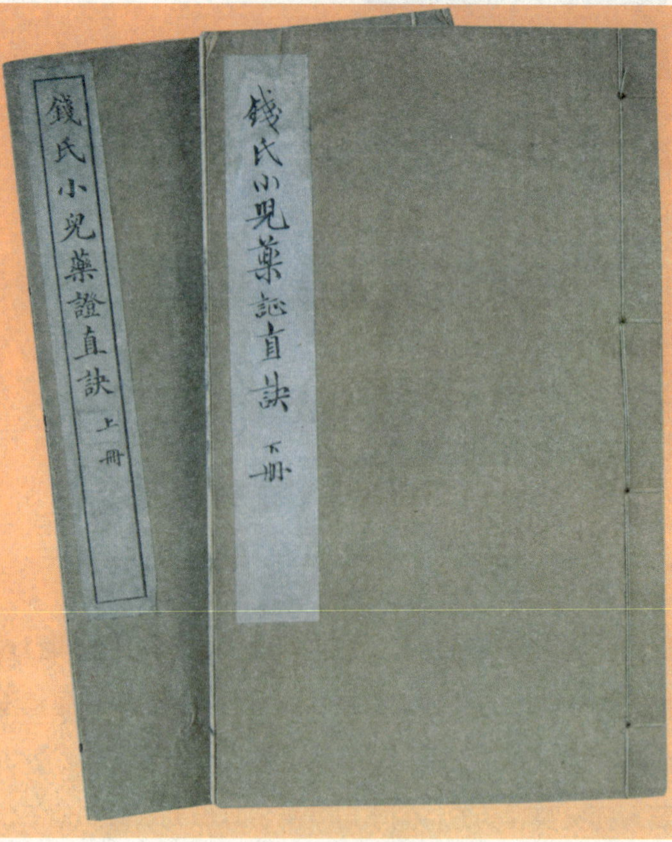

《钱氏小儿药证直诀》

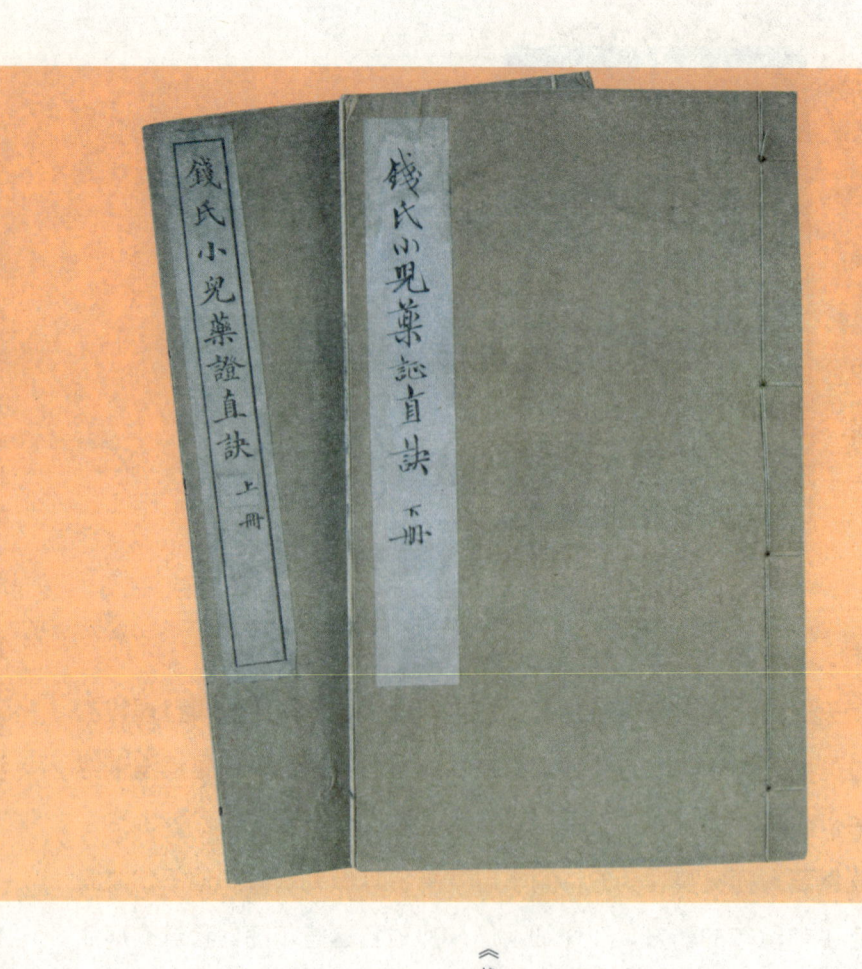

在汝海出任官职，政务繁杂，平日里根本无暇顾及整理药方的事情。他只能在工作之余，把所有闲暇时光都投入整理钱乙诊治疾病的经验之中。在整理的过程中，阎季忠反复推敲，删掉杂方中重复的部分，更正有错误的部分，把不通顺的语句理顺，将民间药方中的白话修改成规范的医术语言，再加上自己在行医过程中得到的验方，按照“上卷脉证治法，中卷记尝所治病，下卷诸方”的体例，附录上自己诊治儿科疾病的心得和钱乙另一位学生董及之的小儿斑疹备急方论，经过无数个日夜操劳，终于在钱乙去世后六年编辑成册。这本详细介绍小儿病诊疗方法的医学著作，就是《小儿药证直诀》。

《小儿药证直诀》和钱乙，就像一盏明灯，照亮了小儿医学的道路，使无数有志于治病救人、造福百姓的医者循着这份光，在求索的道路上前行。

求索之路

知识加油站

《小儿药证直诀》上卷收列了八十一种儿科常见病症和治疗方法，中卷收录了二十三则小儿病的典型病例，下卷收录了一百二十四条治疗小儿病的药方，从理论、诊法、辨证、治法、方药等五个方面较为全面地揭示了钱乙在小儿病理生理、诊法辨证、治则治法和临证用药等方面的成就，是世界上现存第一部儿科医学专著。